BEI GRIN MACHT SICH IHR WISSEN BEZAHLT

- Wir veröffentlichen Ihre Hausarbeit, Bachelor- und Masterarbeit

- Ihr eigenes eBook und Buch - weltweit in allen wichtigen Shops

- Verdienen Sie an jedem Verkauf

Jetzt bei www.GRIN.com hochladen und kostenlos publizieren

Susanne Ahmadseresht

Emissions- und Konsortialgeschäft

GRIN Verlag

Bibliografische Information der Deutschen Nationalbibliothek:

Die Deutsche Bibliothek verzeichnet diese Publikation in der Deutschen Nationalbibliografie; detaillierte bibliografische Daten sind im Internet über http://dnb.d-nb.de/ abrufbar.

Dieses Werk sowie alle darin enthaltenen einzelnen Beiträge und Abbildungen sind urheberrechtlich geschützt. Jede Verwertung, die nicht ausdrücklich vom Urheberrechtsschutz zugelassen ist, bedarf der vorherigen Zustimmung des Verlages. Das gilt insbesondere für Vervielfältigungen, Bearbeitungen, Übersetzungen, Mikroverfilmungen, Auswertungen durch Datenbanken und für die Einspeicherung und Verarbeitung in elektronische Systeme. Alle Rechte, auch die des auszugsweisen Nachdrucks, der fotomechanischen Wiedergabe (einschließlich Mikrokopie) sowie der Auswertung durch Datenbanken oder ähnliche Einrichtungen, vorbehalten.

Impressum:

Copyright © 2005 GRIN Verlag, Open Publishing GmbH
Druck und Bindung: Books on Demand GmbH, Norderstedt Germany
ISBN: 978-3-656-12302-6

Dieses Buch bei GRIN:

http://www.grin.com/de/e-book/188155/emissions-und-konsortialgeschaeft

GRIN - Your knowledge has value

Der GRIN Verlag publiziert seit 1998 wissenschaftliche Arbeiten von Studenten, Hochschullehrern und anderen Akademikern als eBook und gedrucktes Buch. Die Verlagswebsite www.grin.com ist die ideale Plattform zur Veröffentlichung von Hausarbeiten, Abschlussarbeiten, wissenschaftlichen Aufsätzen, Dissertationen und Fachbüchern.

Besuchen Sie uns im Internet:

http://www.grin.com/

http://www.facebook.com/grincom

http://www.twitter.com/grin_com

Seminar: Bankaufsichtsrecht und Bankprivatrecht

Thema: Emissions- und Konsortialgeschäft

von

Susanne Ahmadseresht

Fachsemester: III
Prüfungsordnung: Neue DPO Wirtschaftsrecht

Inhaltsverzeichnis

1 EINLEITUNG 4

2 DARSTELLUNG DER VERSCHIEDENEN FINANZIERUNGSFORMEN EINER UNTERNEHMUNG 4

3 WERTPAPIERE 5

4 ÜBERBLICK ÜBER DAS EMISSIONSGESCHÄFT 6

4.1 Beschreibung der Parteien im Emissionsgeschäft 6
    4.1.1 Emittent 7
    4.1.2 Vermittler 7
    4.1.3 Investoren 7

4.2 Platzierungsprozess 8
    4.2.1 Öffentliche Platzierung und Prospektpflicht 10
    4.2.2 Privatplatzierung 12

5 EMISSIONSFORMEN 12

6 RECHTSBEZIEHUNGEN BEIM EMISSIONSGESCHÄFT 13

6.1 Rechtsbeziehung zwischen Konsortialmitgliedern 13
    6.1.1 Rechtsnatur des Emissionskonsortium 13
    6.1.2 Innenrecht des Emissionskonsortium 14

6.2 Rechtsbeziehungen zwischen Emittent und Konsortium 15

6.3 Rechtsbeziehungen zwischen Emittent und Anleger 16

6.4 Rechtsbeziehungen zwischen Konsortium und Anleger 16

7 SCHLUSSWORT 17

Literaturverzeichnis

Schwintowski, Schäfer, Bankrecht, 2004 Carl Heymanns Verlag KG (§ 23)

Schanz, Kay Michael, Börseneinführung, 2001 C.H.Beck oHG
(§§ 9 und 10)

RWE-Lexikon, http://stocks.rwe.onvista.de/encyclopedia.html

Emissionsgeschäft, Swiss Exchange,
http://www.swx.com/download/trading/training/1_emission_de.pdf

Gruppe Deutsche Börse – Web-Site, Börsenlexikon, http://deutsche-boerse.com

1 Einleitung

Ziel der vorliegenden Arbeit ist es, einen breiten, wenn auch nur oberflächlichen Einblick in das komplexe Geflecht von rechtlichen und wirtschaftlichen Zusammenhängen der Emission- und Konsortialgeschäfte zu geben. Seit den Kurseinbrüchen am Neuen Markt in den Jahren 1999 und 2000 ist eine Rückkehr zu traditionellen Bewertungsverfahren zu erkennen, die zu einer viel realistischeren Betrachtungsweise führen. In der heutigen Zeit sind Anleger risikoavers, was bedeutet, dass sie nicht mehr bereit sind, ohne äußerst gründliche Überlegungen Kapital für junge Unternehmen mit Hochglanzbroschüren, die sie im besten Licht darstellen, zur Verfügung zu stellen.

In letzter Zeit ist allerdings wieder eine leichte Trendwende zu erkennen und erste Unternehmen wagen es wieder, einen Börsengang zu vollziehen, weil so langsam wieder das Vertrauen der Marktteilnehmer wächst. Zudem herrscht die Meinung von Marktkennern, dass deutsche Unternehmen im Vergleich zu amerikanischen doch eher zutreffend bewertet sind, wenn nicht sogar unterbewertet, was sie gerade für ausländische Investoren, mitunter auch für die von Franz Müntefering als Heuschrecken bezeichneten Investmentbanken oder Private Equity Häusern, so interessant machen.

Im einleitenden Teil der Arbeit werden die Finanzierungsmöglichkeiten eines Unternehmens und grundlegende Begriffe erläutert. Im Hauptteil liegt der Schwerpunkt auf der Darstellung der rechtlichen Verhältnisse der beteiligten Parteien.

Anhand von grafischen Darstellungen werden die schriftlichen Ausführungen verdeutlicht.

Dieses Referat soll als erste Einführung auf dem Gebiet der Emissionsgeschäfte für Studenten des Fachbereichs Wirtschaftsrecht dienen.

2 Darstellung der verschiedenen Finanzierungsformen einer Unternehmung

Die Rechtsstellung der Kapitalgeber und die Mittelherkunft sind die zentralen Kriterien, um eine Finanzplanung eines Unternehmens zu entwickeln. Bei der Mittelherkunft wird zwischen der Innen- und Außenfinanzierung eines Unternehmens unterschieden und bei der Rechtsstellung der Kapitalgeber unterscheidet man zwischen der Eigen- und Fremdfinanzierung. Ein Unternehmen kann sich von „innen" heraus mit der Eigenfinanzierung selbst finanzieren, z. B. durch Abschreibungen, einbehaltene Gewinne oder Vermögensumschichtung, oder aber mit der Hilfe von Verflüssigungsfinanzierung, beispielsweise in Form von Pensionsrückstellungen, bei welchen der Kapitalbedarf durch die

Bildung langfristiger Rückstellungen aus den laufenden Cash-Flows (Zahlungsströme) gedeckt werden kann.

Durch die Außenfinanzierung wird das benötigte Kapital nicht im Unternehmen freigesetzt, sondern von „außen" zugeführt. Dies wird ermöglicht durch Beteiligung von Aktionären oder Gesellschaftern zur Erhöhung des Eigenkapitals des Unternehmens. Da dieses Kapital von Anteilseignern des Unternehmens kommt, spricht man hier gleichzeitig von einer Eigenfinanzierung, wie nachfolgendes Schaubild verdeutlicht.

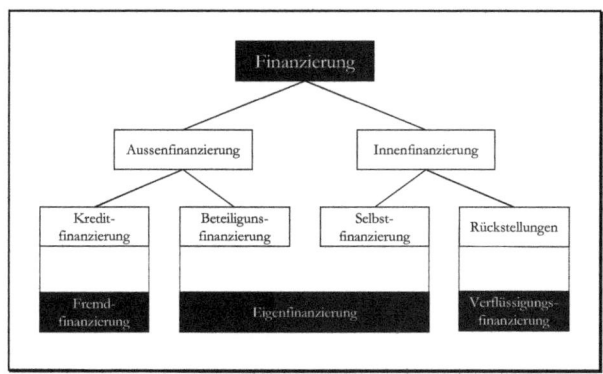

Abbildung 1 - Finanzierungsformen[1]

Eine weitere Art der Außenfinanzierung kann in Form einer Fremdfinanzierung durch Kreditaufnahme bei Banken oder anderen Fremdkapitalgebern erfolgen.

Die Emission bezeichnet die Ausgabe von Wertpapieren (Aktien, Anleihen, Geld) an einem organisierten Kapitalmarkt (bspw. Börse), in der Regel mit Hilfe der Dienstleistung einer Bank. Diese Dienstleistung wird durch die bisherigen Eigentümer (Aktionäre, Gesellschafter) veranlasst und gehört somit zu der Außen- und Eigenfinanzierung.

3 Wertpapiere

Das Wertpapier ist ein in Form einer Urkunde verbrieftes Vermögensrecht. Der Schuldner ist nur dann verpflichtet eine Leistung zu erbringen, wenn ihm die Urkunde vorgezeigt wird, d. h. der Besitz der Urkunde ist zur Geltendmachung des Rechts erforderlich, denn ohne die Urkunde besteht kein Rechtsanspruch. Das Recht ist beim Wertpapier untrennbar mit der Urkunde verbunden. Wird die Urkunde übertragen, geht das Recht im Sinne des Sachenrechts

---

[1] Emissionsgeschäft, Swiss Exchange, http://www.swx.com/download/trading/training/1_emission_de.pdf

über. Im Falle der physischen Vernichtung oder dem Untergang des Wertpapiers, kann es per Gesetz für kraftlos erklärt und eine neue Urkunde ausgefertigt werden.

Wertpapiere werden auch als Effekten bezeichnet. Effekten sind vertretbare Wertpapiere, die zur Kapitalanlage geeignet sind.

Um vertretbare Wertpapiere handelt es sich, wenn dieselben untereinander ausgetauscht werden können, ohne dass hierbei der Gläubiger geschädigt wird. Es muss sich um Aktien gleichen Wertes und gleicher Art handeln; vertretbare Wertpapiere sind Inhaberpapiere oder auch Namensaktien.[2]

Eine andere Art von Wertpapieren sind die so genannten Forderungsrechte, zum Beispiel Anleihen, die wiederum zum Fremdkapital gezählt werden. Der Unterschied zwischen Eigen- und Fremdkapital liegt aus Sicht des Kapitalgebers in dem Risiko, das er mit der Kapitalhingabe eingeht.

Während er mit dem Erwerb von Aktien direkt Anteile des Unternehmens erwirbt und somit an der wertmäßigen Entwicklung des Unternehmens partizipiert, sowohl im positiven als auch im negativen Sinne, stellt das Forderungsrecht beispielsweise ein Darlehen dar, welches einer festen Verzinsung unterliegt und zum Ende der Laufzeit ausgezahlt wird. Das einzige Risiko, welches der Anleger bei dem Erwerb von Forderungsrechten eingeht, ist der mögliche Ausfall der Forderung aufgrund einer Zahlungsunfähigkeit des Darlehensnehmers.

4 Überblick über das Emissionsgeschäft

4.1 Beschreibung der Parteien im Emissionsgeschäft

Um eine Emission erfolgreich durchführen zu können, benötigt man drei Teilnehmer, auch Parteien genannt. Die drei Parteien setzen sich zusammen aus dem Emittenten selbst, den Investoren und dem Vermittler, i. d. R. eine Bank oder ein Bankenkonsortium. Die involvierten Parteien haben nicht zwingend die gleichen Interessen und so können Konflikte entstehen, wie beispielsweise die enge und personelle Zusammenarbeit der Parteien oder die Machtstellung der Investoren bei den Emissionen. Die Interessen des Konsortiums können von denen der anderen Parteien differieren, zum Beispiel im Zusammenhang mit eigenen Wertpapieren.

---

[2] RWE-Lexikon, http://stocks.rwe.onvista.de/encyclopedia.html

4.1.1 Emittent

Ein Emittent ist der Herausgeber von erstmals in Umlauf gebrachten Wertpapieren. Es kann sich dabei um ein Unternehmen, eine öffentliche Körperschaft, den Staat oder andere Institutionen handeln.

Emittenten von Wertpapieren benötigen Bargeld, um Investitionen zu tätigen, Käufer von Wertpapieren haben dagegen einen Bargeldüberschuss. Durch den Verkauf profitieren beide Seiten, da der Verkäufer sofort über das Geld verfügen kann und der Käufer einen Anteil eines Unternehmens erwirbt, welches er aus seinen ganz individuellen Gründen für ein lohnendes Investment hält. Diese Gründe können ganz unterschiedlicher Natur sein. Generell kann man sagen, dass je höher das Risiko einer Anlage ist, desto höher muss die Rendite sein, die vom potentiellen Anleger gefordert wird.

Unternehmen bringen ihre Wertpapiere in erster Linie wegen eines steigenden Kapitalbedarfs in Umlauf. Dabei lassen sich generell zwei Möglichkeiten unterscheiden und zwar in Form von Fremdkapital oder Eigenkapital. Diesen beiden Finanzierungsmöglichkeiten wurden bereits in Kapitel 2 erläutert.

4.1.2 Vermittler

Die Börseneinführung wird bei Fremdemissionen durch eine Bank bzw. ein Wertpapierhandelshaus begleitet und organisiert. Diese nehmen eine Stellung als Vermittler zwischen dem Emittenten und den Investoren ein. In der Regel wirken bei einer Börseneinführung mehrere Banken mit und bilden ein so genanntes Bankenkonsortium. Dieses hat den Vorteil der Bündelung der Platzierungskraft mehrerer Banken, der Verteilung des Übernahmerisikos, sowie der Begrenzung der Inanspruchnahme des Eigenkapitals der involvierten Banken. Es ermöglicht auch die Beteiligung kleinerer Institute mit schwacher Kapitalkraft am Emissionsgeschäft.

Das wichtigste Kriterium in diesem Zusammenhang ist das Emissionsvolumen und die Frage ob eine nationale oder internationale Platzierung erfolgen soll. Das Konsortium erhält vom Emittenten eine Vergütung für das Risiko der Nichtabnahme der Wertpapiere.

4.1.3 Investoren

Investoren stellen private Personen, die öffentliche Hand oder Unternehmungen dar, die sich als Eigen- oder Fremdkapitalgeber meist langfristig in einem Unternehmen oder an einem Markt mit ihrem Kapital einbringen.

Im Rahmen einer Emission stellen die Aktionäre die Investoren dar, welche den Unternehmen bzw. der Bank Kapital überlassen. Im Gegenzug erhalten die Aktionäre von den Unternehmen Gesellschaftsrechte in Form von Aktien. Sie werden Anteilseigner des Unternehmens. Bei Nennwertaktien entspricht die Anzahl der Aktien multipliziert mit dem Nennwert im Verhältnis zum Stammkapital dem Anteilbesitz des Aktionärs.

Mit dem Erwerb der Aktie nimmt der Käufer am unternehmerischen Risiko teil. Insbesondere profitiert er von einer positiven Entwicklung der stillen Reserven und des Firmenwertes. Der Marktwert des Unternehmens wird an der Börse durch Angebot und Nachfrage bestimmt und spiegelt nicht zwangsläufig den tatsächlichen Unternehmenswert wieder. Deshalb ist das Spekulationsgeschäft auch äußerst riskant, da die Meinungen und Reaktionen der Marktteilnehmer kaum vorauszusehen sind.

Da die Aktionäre also ein gewisses Risiko mit der Anlage eingehen, ist es um so wichtiger, dass ein gesetzlicher Rahmen geschaffen wurde, der es den Anteilseigner gestattet, eine Kontrollfunktionen gegenüber der Geschäftsführung auszuüben in Form der Aktionärsversammlung, in der mitunter über die Entlastung des Vorstands entschieden wird.

Mit der Aktie wird dem Aktionär ein Stimmrecht verbrieft, soweit es sich nicht um stimmrechtslose Aktien handelt. Je größer der Umfang des Aktienpakets, desto größer ist also der Einfluss des Aktionärs auf das Unternehmen.

Bei der Emission von Forderungsrechten stellen die Kapitalgeber wie bereits beschrieben Fremdkapitalgeber dar. Sie werden nicht Anteilseigner und tragen auch kein unternehmerisches Risiko. Sie geben dem Unternehmen lediglich einen Kredit, welcher nach einer bestimmten Laufzeit wieder zurückgezahlt wird. Da das Risiko beim Forderungsrechten relativ gut abgeschätzt werden kann, wird auch nur ein geringer Zinssatz gezahlt, der in den meisten Fällen leicht über der Verzinsung von Festgeldanlagen bei Banken liegt.

4.2 Platzierungsprozess

Bei einer Emission wird sich der Emittent mit der konsortialführenden Bank bereits im Vorfeld über die Platzierung am Markt beraten. Entscheidend hierfür ist eine erfolgreiche Platzierung, also ein möglichst hoher Verkaufsanteil der Aktien an potentielle Investoren, und die Vorbereitung der Börseneinführung. Dafür muss der passende Ort für die Platzierung und anlagewillige Investoren gefunden werden. Hierzu gehört auch die Entwicklung und Durchführung einer Imagekampagne sowie der Entwurf des Verkaufs- und Börseneinführungsprospekts. Am Besten eignen sich hierfür spezialisierte PR-Agenturen, die das nötige Know-how mitbringen.

Diese zu klärenden Fragen haben mithin Auswirkungen auf die Zusammensetzung des übrigen Konsortiums. Je besser die Banken mit besonderer Platzierungskraft ausgestattet sind, eventuell über große Filialnetze und gute Kontakte zu gefragten Investoren verfügen, desto eher kommen sie für ein geplantes Konsortium in Frage. Oftmals werden die Wertpapiere (in Form von Aktien) aber auch bei Mitarbeitern und Geschäftspartnern untergebracht, um eine langfristige Bindung an das Unternehmen zu erreichen und einen extrinsischen Anreiz zu bieten.

Die Planung der Platzierung sollte möglichst früh durchgeführt werden, um den optimalen Zeitpunkt für die Emission abpassen zu können. Es wird zwischen öffentlicher und privater Platzierung unterschieden. Auf die Erläuterung dieser beiden Platzierungs-formen wird in den Kapiteln 4.2.1 und 4.2.2 näher eingegangen.

Folgendes Schaubild gibt eine Übersicht über die Aufgaben, über die sich die Unternehmensführung zur Vorbereitung auf den Börsengang Gedanken machen sollte.

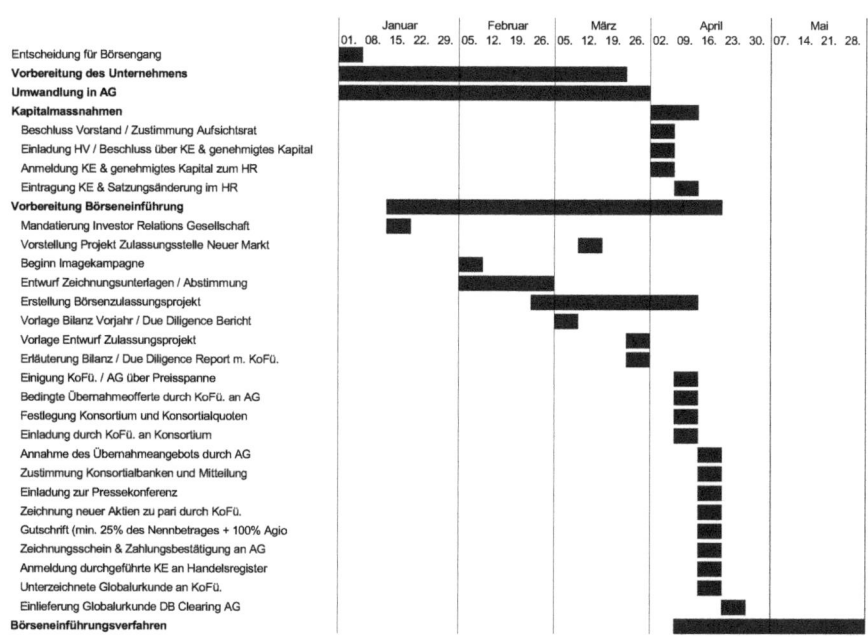

Abbildung 2 – Vorbereitung der Börseneinführung[3]

---

[3] Schanz, Kay Michael, Börseneinführung, 2001 C.H.Beck oHG

4.2.1 Öffentliche Platzierung und Prospektpflicht

Risikoträger bei der öffentlichen Platzierung einer Emission kann zum einen das Konsortium oder aber der Emittent selbst sein.

Bei einer Festübernahme findet die Emission auf Risiko des Konsortiums statt. Wenn die Emission zu Lasten des Emittenten verläuft, spricht man von einer kommissionsweisen Platzierung.

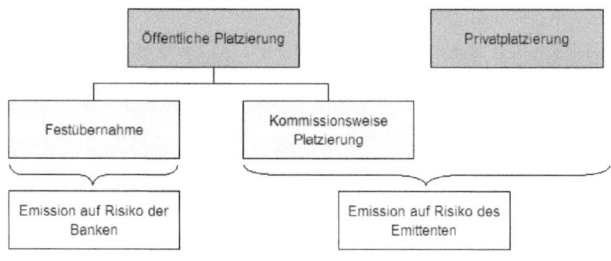

Abbildung 3 - Platzierungsformen[4]

Das Börsengesetz i. V. m. der Börsenzulassungsverordnung und den Zulassungsbedingungen für den neuen Markt sieht eine Prospektpflicht für die öffentliche Platzierung vor. (§§ 36 III Nr. 2, 38 BörsG i.V.m. 13 ff. BörsZulV bzw. Ziff. 4 ZulBedNM)

Sowohl der Emittent als auch die Konsortialbanken haften in diesem Sinne für die Richtigkeit der Angaben im Verkaufsprospekt.

Ein Wertpapierkäufer hat bei nachweislich fehlerhaften Prospektangaben das Recht, die Wertpapiere an den Emittenten oder die Konsortialbank zurückzugeben. Der Emissionspreis zuzüglich der ihm beim Kauf entstandenen Kosten werden ihm erstattet. Hat er die Wertpapiere zu einem späteren Zeitpunkt erworben, erhält er die Kaufsumme zurück. Bei bereits veräußerten Wertpapieren wird der ihm entstandene Verlust ausgeglichen.

Der Haftungsanspruch des Käufers verjährt sechs Monate nachdem er die falschen Angaben festgestellt hat; spätestens jedoch drei Jahre nach der Veröffentlichung des Prospekts.

Den Gesetzen und Verordnungen zufolge muss mindestens ein Tag vor der Einführung der Wertpapiere der Prospekt veröffentlicht werden. Mithin muss der Prospekt von der Zulassungsstelle bewilligt werden und die Zulassung ist in diesen aufzunehmen (§§ 36 IIIa, 73 Ia BörsG, 43 II BörsZulV). Außerdem muss es in deutscher und gegebenenfalls englischer Sprache abgefasst und von den Antragstellern unterzeichnet werden. Darüber hinaus sollte der

---

[4] Emissionsgeschäft, Swiss Exchange, http://www.swx.com/download/trading/training/1_emission_de.pdf

Prospekt die Vorgaben der Going-Public-Grundsätze enthalten, die seit dem 1. September 2002 in Kraft getreten sind.

„Going-Public" bedeutet die Öffnung einer Gesellschaft für neues Eigenkapital von außen. Es wird meist gleichgesetzt mit dem erstmaligen Börsengang eines Unternehmens.

Im eigentlichen Sinn bedeutet Going-Public die Umgründung eines Unternehmens anderer Rechtsform (Personengesellschaft, GmbH usw.) in eine Aktiengesellschaft. Damit erhalten externe Eigenkapitalgeber die Möglichkeit, in das Unternehmen zu investieren.

Im weiteren und inzwischen weitaus gebräuchlicheren Sinn versteht man unter Going-Public den erstmaligen Börsengang einer Kapitalgesellschaft (Initial Public Offering - IPO). Dieser wird in der Regel zusammen mit einer Emissionsbank, bei größeren Emissionen mit einem Bankenkonsortium, vorbereitet und durchgeführt.

Bei einem IPO platziert ein Unternehmen Aktien erstmalig an einer Börse. Dabei macht es ein öffentliches Angebot mit Prospektpflicht und platziert die Aktien an qualifizierte Anleger (gemäß Definition der Bundesanstalt für Finanzdienstleistungsaufsicht – BaFin) und mindestens 100 Privatpersonen.

Hierbei kann es sich sowohl um alte, das heißt schon unabhängig von diesem Anlass bestehende (sog. Sekundäraktien), als auch um neue Aktien (sog. Primäraktien) handeln. Im Fall der Sekundäraktien fließt der Nettoerlös den verkaufenden Aktionären zu, im Fall der Primäraktien dem Emittenten. Häufig wird auch ein Mix beider Titelkategorien offeriert.

Motive eines Börsengangs sind vor allem die Beschaffung von zusätzlichem Eigenkapital und die Möglichkeit zum Rückzug für die ursprünglich Kapital gebenden Beteiligungsgesellschaften (Venture-Capital-Gesellschaften). Erwünschte Nebeneffekte sind ein höherer Bekanntheitsgrad des Unternehmens und eine breitere Kapitalstreuung.

Börsengänge werden vorzugsweise in einer Börsen-Hausse vorgenommen. Eine Hausse stellt einen positiven Börsentrend mit nachhaltig steigenden Kursen dar, der meist in allen Marktsegmenten (Versorger, Versicherungen, Automobil-Industrie, etc.) stattfindet. Sie resultiert aus einer überwiegend optimistischen Beurteilung der wirtschaftlichen Aussichten durch die Marktteilnehmer.

In dieser Phase ist die Wahrscheinlichkeit höher, dass sämtliche neuen Aktien verkauft werden und folglich die Kapitalkosten niedriger ausfallen.

Going-Public-Anleihen werden von Unternehmen begeben, die mittelfristig einen Börsengang planen. Going-Public-Anleihen sind Options- und Wandelanleihen, die ihre Besitzer zum Bezug von Aktien aus dem zukünftigen Börsengang berechtigen. Sollte der Börsengang nicht erfolgen oder verschoben werden, wird die Anleihe durch den Emittenten in der Regel zu einem Kurs über pari zurückgenommen.[5]

Das Vierte Finanzmarkt-Förderungsgesetz sieht zudem vor, dass der Prospekt der Börse in elektronischer Form zur Veröffentlichung im Internet zur Verfügung gestellt werden müssen.

4.2.2 Privatplatzierung

Die Privatplatzierung, auch „Private Placement" genannt stellt eine der beiden Sonderformen eines Börsengangs dar.

Die Privatplatzierung von Wertpapieren ist dadurch gekennzeichnet, dass diese nicht der breiten Öffentlichkeit angeboten werden, sondern nur einem ausgewählten, eng eingegrenzten Anlegerkreis. Zu der Einordnung dieser Platzierungsform siehe auch Abbildung 3 - Platzierungsformen.

Die Prospektpflicht (Art. 2 Ie EU-PR Europäische Prospektrichtlinie) entfällt, wenn es sich bei den Anteilseignern um höchstens 100 so genannte qualifizierte Anleger handelt. Unter qualifizierten Anlegern versteht man Banken und Fonds. Aktien, die in diesem Rahmen angeboten werden, können aus dem Besitz der Altaktionäre oder aus einer Kapitalerhöhung stammen.

Risikoträger im Fall einer Privatplatzierung ist immer der Emittent.

5 Emissionsformen

Die Emission der Aktien kann bei einer ordentlichen Kapitalerhöhung, in der durch die Emission neuer Aktien zusätzliches Grundkapital beschafft wird, auf zwei verschiedene Arten erfolgen.

Zum einen als Selbstemission, wenn der Emittent den Verkauf der Aktien selbst übernimmt oder die Aktien einer Bank bzw. einem Konsortium in Auftrag gibt. Das Emissionsrisiko liegt in jedem Falle beim Emittenten. Über das zu beschaffende Eigenkapital kann nur nach und nach verfügt werden, sofern das Konsortium keinen Zwischenkredit gewährt.

Die Selbstemission ist meist unüblich, auch wenn die Vermittlungsprovision entfällt, da der Selbst-Verkauf der Aktien nur mit Hilfe eines entsprechenden Vertriebsnetzes erfolgen kann. Außerdem muss der Emittent einen guten Zugang zum Kapitalmarkt haben.

Zum anderen kann der Emittent sein Emissionsrisiko wahlweise an ein Konsortium abwälzen. In diesem Fall spricht man von Fremdemission.

---

[5] Gruppe Deutsche Börse – Web-Site, Börsenlexikon, http://deutsche-boerse.com

6 Rechtsbeziehungen beim Emissionsgeschäft

Emissionskonsortien werden als Gesellschaften bürgerlichen Rechts angesehen i.S.d. § 705 ff. BGB, die eine vorübergehende Vereinigung selbständig bleibender Banken darstellt, deren gemeinsamer Zweck die Übernahme, Bezahlung und Platzierung der jeweiligen Wertpapiere ist.

6.1 Rechtsbeziehung zwischen Konsortialmitgliedern

Bei dem Rechtsverhältnis der Konsortialmitglieder zueinander stellt sich sowohl die Frage des Innenverhältnisses des Konsortiums, wie auch die Vertretung nach außen durch dem so genannten Lead-Manager oder auch Konsortialführer. Zudem kommt den Haftungsverhältnissen der Mitglieder eine zentrale Bedeutung für Handlungen und / oder Unterlassungen des Lead-Managers zu.

6.1.1 Rechtsnatur des Emissionskonsortium

Der Gesellschaftszweck eines Emissionskonsortiums besteht in der Übernahme und Platzierung von Wertpapieren. Zu diesem Zweck bilden Banken Emissionskonsortien, um eine Streuung des Risikos zu erreichen und die Inanspruchnahme von Eigenkapital zu begrenzen.

Wie bereits zuvor erläutert sind Konsortien Gesellschaften bürgerlichen Rechts im Sinne der §§ 705 ff. BGB. Zwischen den beteiligten Banken, den so genannten Konsorten wird in der Regel ein schriftlicher Konsortialvertrag geschlossen. Die Gesellschafter verpflichten sich damit, den Gesellschaftszweck gemeinsam zu fördern.

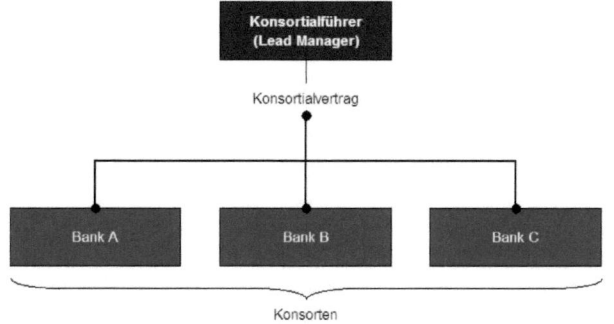

Abbildung 4 - Bankenkonsortium

Wie die Verteilung der Aufgaben und des Risikos bei den Konsortien geregelt ist, ist von Fall zu Fall unterschiedlich.

Eine entscheidende Beitragspflicht, die in der Regel sämtlichen Konsortialmitgliedern auferlegt wird, ist die Mitübernahme der Prospekthaftung für den Verkaufsprospekt im Rahmen des Wertpapierverkaufsprospekt-Gesetz. Einzelheiten zum Thema Prospekthaftung wurden bereits in Kapitel 4.2.1 erläutert.

Typischerweise endet die Gesellschaft mit der Beendigung der Platzierung, sowie der endgültigen Abwicklung sonstiger Nebenpflichten. Daher werden derartige Gesellschaften auch Gelegenheitsgesellschaften mit wirtschaftlichem Zweck genannt, da sie nur vorübergehend bestehen.

In diesem Zusammenhang unterscheidet man zwischen zwei Formen von Emissionssyndikaten: den ständigen Syndikaten und den Ad-hoc-Syndikaten. „Ad-hoc" bedeutet „für diesen Zweck".

Ein Ad-hoc-Syndikat ist ein Emissionssyndikat, das nur für die Dauer einer Emission besteht. Nach Abschluss der Emission, wird es wieder aufgelöst.

Gerade im Bereich der Emission von Forderungsrechten wie Bundesanleihen kann es auch zu langfristigen Konsortien kommen, die als permanente Syndikate bezeichnet werden. Ein ständiges Syndikat ist ein Emissionssyndikat, das für eine längere Zeit besteht und regelmäßig Emissionen platziert.

Allgemein begründet ein Emissionskonsortium im Rahmen der durchgeführten Geschäfte ein Handelsgewerbe i.S.d. § 1 Abs.2 HGB. Da in aller Regel der Gesellschaftszweck jedoch auf eine einzelne Wertpapiertransaktion beschränkt ist und damit der Gesellschaftszweck nicht auf Dauer angelegt ist, begründen Emissionskonsortien keine Personenhandelsgesellschaft.

6.1.2 Innenrecht des Emissionskonsortium

Zu den wesentlichen Pflichten der einzelnen Konsorten zählt insbesondere die quotale Übernahme und Bezahlung der Emission. Dieses wird unter einem Beitrag i. S. d. § 705 BGB verstanden. Die Übernahme gilt als eine der Hauptpflichten des Konsortiums, wohingegen eine möglichst langfristige Platzierung der von dem Konsortium übernommenen Wertpapiere am Kapitalmarkt als eine wichtige Nebenpflicht gesehen wird.

Gemäß § 735 BGB ist auch eine so genannte Nachschusspflicht Bestandteil der Beitragspflicht der Konsorten. Ist also ein Beteiligter nicht in der Lage die finanziellen Mittel für die Übernahme seiner Quote an Aktien aufzubringen, könnten die übrigen Beteiligten dazu verpflichtet sein, diesen Anteil zu übernehmen. Da allerdings der zwischen dem Emittenten und dem Konsortium geschlossene Übernahmevertrag gerade die gesamtschuldnerische Haftung ausschließt, wird bislang noch diskutiert, welche Rechtsauffassung in diesem Fall vertreten werden kann. Nach heutiger Meinung ist auch in diesem Fall der § 735 BGB analog anzuwenden.[6]

Zu den wesentlichen Verlustrisiken der Banken zählen zum einen der Verfall der Preise für die übernommenen Wertpapiere und zum anderen der Eintritt in die Konsortialquoten von Mitkonsorten, die nicht in der Lage sind den geforderten Beitrag zu leisten.

Grundsätzlich gilt gemäß § 722 BGB ein Gleichverteilung des Gewinns, doch in der Regel wird im Konsortialvertrag eine Quote festgelegt sein, die der Übernahmequote entspricht, jedoch ausdrücklich auf die Verlustbeteiligung gerichtet. Der Gewinn eines jeden Konsorten hängt von der Fähigkeit ab, die Wertpapiere einem möglichst großen Publikum „schmackhaft" zu machen und einen entsprechend guten Verkaufserlös zu erzielen. Die Nachschusspflicht i.S.d. § 735 BGB bezieht sich nicht auf Verluste, die ein Konsorte aufgrund von zu niedrigen Verkaufserlösen erleidet.

Zu den Pflichten des Konsortialführers gehört in erster Linie die Beratung des Emittenten, die Wahrnehmung der Interessen der Anleger und die der Konsorten. Zudem ist er für die Prospekterstellung und die Börseneinführung verantwortlich.

6.2 Rechtsbeziehungen zwischen Emittent und Konsortium

Das Konsortium bzw. der Konsortialführer gilt als Wertpapierdienstleistungsunternehmen und berät den Emittenten bei der Börseneinführung und ist mit der Platzierung der Aktien beauftragt. Der Emittent kann auch mehrere Kreditinstitute oder Wertpapierdienstleistungsunternehmen mit der Konsortialführung beauftragen. Der Emittent ist an einer dauerhaften Platzierung seiner Aktien am Markt, der Weiterveräußerung der Wertpapiere an Anleger und an einem liquiden Sekundärmarkt interessiert. Der Sekundärmarkt ist der Markt, auf dem bereits umlaufende Wertpapiere gehandelt werden. Wertpapierbörsen sind z. B. grundsätzlich Sekundärmärkte.

Um die Forderungen der beiden Parteien gerecht zu werden, wird ein so genannter Übernahmevertrag abgeschlossen. Übernahme-verträge werden je nach Art und Form der Emission individuell ausgestaltet. Dieser Vertrag wird also anlässlich einer Emission zwischen dem Emittenten und dem Übernahmekonsortium geschlossen, wobei das Übernahmekonsortium den ganzen Betrag der Emission fest übernimmt. In einem Übernahmevertrag werden Beteiligungsrechte, insb. Aktien und Forderungsrechte, insb. Anleihen geregelt. Die Frage nach der Preisfindung stellt sich bei bereits bestehenden

---

[6] Schwintowski, Schäfer, Bankrecht, 2004 Carl Heymanns Verlag KG

Beteiligungsrechten. Außerdem wird meistens der Ausschluss von Gesamthandseigentum und der gesamtschuldnerischen Haftung des Konsortiums vereinbart. Damit ist gemeint, dass die Übernahme und Bezahlung nach Verhältnissen geregelt wird und sich die Konsortialbanken nur teilschuldnerisch verpflichten. Die in § 709 BGB vorgesehene gemeinschaftliche Geschäftsführung wird in wesentlichen Punkten durch den Übernahmevertrag außer Kraft gesetzt, da die Aufgaben des „normalen Tagesgeschäfts" allein vom Konsortialführer vorgenommen werden. Der Konsortialführer vertritt das Konsortium im Rahmen der durch die Konsortialvereinbarung gesetzten Grenzen.

6.3 Rechtsbeziehungen zwischen Emittent und Anleger

Die Rechtsbeziehung zwischen dem Emittenten und den Anlegern beruht auf dem Platzierungsvorgang im eigentlichen Sinne. Für den Anleger ist es wichtig, die Allgemeinen Geschäftsbedingungen und das Verkaufsprospekt zu kennen, sobald er Wertpapiere erwerben möchte oder bereits erworben hat.

Emittent und Anleger befinden sich in einer unmittelbaren Rechtsbeziehung zueinander.

Einzelheiten werden ausschließlich zwischen Emittent und Konsortium vereinbart. Der Anleger hat keinerlei Einfluss auf die Bedingungen, da die Verträge vor der Emission abgeschlossen werden. Wenn dem Anleger die Bedingungen missfallen, steht ihm nur die Möglichkeit des Nichterwerbs zu.

Die Einbeziehung Allgemeiner Geschäftsbedingungen in den Vertrag (§§ 305 ff. BGB) ist mit den Wertpapierbedingungen aus heutiger Sicht vergleichbar. Der Anleger genießt somit einen gewissen Schutz.

6.4 Rechtsbeziehungen zwischen Konsortium und Anleger

Die Konsortialbanken sind verpflichtet, Aufklärung und Beratung gegenüber den Anlegern zu leisten. Sämtliche zweckdienliche Informationen, welche die Anleger für eine interessengerechte Anlageentscheidung benötigen, sind von den Banken zur Verfügung zu stellen. Sie haben also die Pflicht, ihre Kunden vor dem Kauf der Aktien über die wichtigsten Aspekte des Geschäfts mit Sorgfalt, Sachkenntnis und Gewissenhaftigkeit aufzuklären. Die hieran zu stellenden Anforderungen sind abhängig von der Kenntnis und der Erfahrung des Anlegers. Dabei gilt der Grundsatz: Je spekulativer und riskanter das Geschäft und je unerfahrener der Investor, desto umfangreicher ist dieser aufzuklären. Banken erfragen deshalb regelmäßig die bisherigen Erfahrungen und Kenntnisse ihrer Kunden in Wertpapiergeschäften, Anlageziele, Risikobereitschaft sowie finanzielle Verhältnisse. Bei

Interessenkonflikten müssen die Interessen der Bank grundsätzlich hinter den Interessen des Investors zurück stehen.

7 Schlusswort

Zusammenfassend kann festgehalten werden, dass die Gesetzgeber einen Rahmen geschaffen haben, der den Schutz des Investors vor falschen Anlageentscheidungen und schwerwiegenden Verlusten über die Interessen der Unternehmen stellt.

Die Emission ist für viele Unternehmen eine sinnvolle Maßnahme zur Deckung eines großen Kapitalbedarfs, doch leider gibt es kein System, dass einen Missbrauch unmöglich macht.

Daher werden durch Gesetze, wie dem Transparenz- und Publizitäts-Gesetz, sowie im Rahmen der Emission mit dem Prospekthaftungs-Gesetz, eine Grundlage geschaffen, die den Anlegern wieder das Vertrauen und die Sicherheit zurückgibt.

Nur durch einen umfassenden Schutz der Aktionäre, wird es in Zukunft möglich sein einen stabilen und florierenden Kapitalmarkt zu schaffen.